그냥 해 보는 말

인북스시인선
001

그냥 해 보는 말

―

홍사성 시집

인북스

부처손

절집 뒷산
기암절벽 손톱 틈새
뿌리 붙이고 살아가는 풀

겨울에는
조막손처럼 오그라들어
손대면 바스라질 것 같았는데
죽었는지 살았는지 궁금했는데

봄비 내리자
아무 일 없다는 듯 되살아나
말라비틀어졌던 잎새
다시, 새파랗다

삶이란 부처손 같은 것

팔만대장경에도 다른 말 없다

2025 가을

| 목차 |

제2부
부처님 얼굴에는

제3부
거울 앞에서

제4부
옛 절에서 하룻밤

제1부

피안을 향하여

히말라야 새

해발 8천8백 미터
히말라야를 넘는 새가 있다
온몸 힘 빼고
가오리연처럼 하늘 높이 솟구쳐
바람의 흐름에 목숨 맡기고
만년설 덮인 설산을 넘어간다
지상에서 가장 높은
구름 띠 두른 산 위를 나는 새는
결코 산 아래를 바라보지 않는다
끝없이 펼쳐진 무한창공
그 절대고독 속을 날아
천축에 이른다
세상의 안락에 발 묶인 새들
꿈도 못 꾸는 고공비행
단독으로 나서는, 두려움 모르는

작지만 큰 새

꽃성불

고행승인 듯
눈 감고 겨울 견딘
통도사 자장매가 피었습니다

분홍 진주 같은
꽃망울 맺어 놓고
애태우더니

보란 듯이!

첫 햇살 품은
진분홍 꽃이며
코끝 간지럽히는 향기라니

동안거 해제
죽비 소리 맞춰 터진
칠통(漆桶)타파

그 한 소식입니다

처처전진(處處全眞)

소낙비 그친 여름 하늘이
파란 유리창인 듯 말갛게 속을 드러냈습니다

뒷산 숲은 막 목욕 끝내고 머리에 물기 터는
청년처럼 싱그럽습니다

참나무는 누가 알아주든 말든 키를 키우고
산비둘기는 누가 듣든 말든 구구댑니다

나비는 어디론가 바삐 날아가고
나리꽃은 얼굴 한번 봐 달라고 몸을 흔듭니다

바람은 바람대로 구름은 구름대로
바위도 이끼도 개미도 저 나름 분주합니다

굴참나무

잎 다 떨어져
뼈다귀만 앙상하다

한 방울 수액까지 뽑아낸 맨몸
굴 껍데기 같은 겉옷 한 벌 걸치고
문고리 얼어붙는 추위 속
동안거 중이다

속살 파고드는 날카로운 고통
지그시 견디는 겨울잠 반달곰처럼
죽은 듯
눈 감고 날 밝기 기다리는

새벽마다 더 단단해지는 그대

꽃밭 화엄경

벗꽃은 봄에
능소화는 여름에
코스모스는 가을에
동백은 겨울에 핍니다

일찍 폈다 으스대지 않고
늦게 핀다 주눅 들지 않습니다

모란은 조용히
장미는 때가 돼야
연꽃은 기다렸다가
구절초는 저 혼자 핍니다

필 때는 말없이 피었다가
질 때는 그냥 집니다

십자대로에서 길을 잃다

말에 오르던 경흥법사가
등에 명태를 진 노승을 보고 나무라자
행색 허름한 그는
사타구니에 생고기 끼고 다니는 것보다야, 했다고

목마른 원효대사가
아낙이 떠 준 월경대 빨던 물을 더럽다 버렸는데
날아가던 파랑새 이를 보고
덜떨어진 중이라며 비웃었다고

깊은 산속에 들어가 혼자 도 닦던 자장율사는
큰 공부한다고 잘난 척하다가
짐짓 거지꼴로 찾아온 문수보살을
친견하지 못하고 말았다고

삼국유사는 기록해 놓았다

좌단설두(坐斷舌頭)

연말에 절에 갔더니 큰스님이 이런 걸 물었다

만원 전철 타고 갈 때 자리 양보해 본 적 있는가 비탈길
올라가는 폐지 리어카 밀어 준 적 있는가 아프리카 배고픈
어린이 위해 후원금 낸 적 있는가 길바닥에 날아다니는 비
닐봉지 주워 본 적 있는가 피 모자란다는 말 듣고 헌혈하
러 간 적 있는가 음식 속에 머리카락 보고 모른 척해 준 적
있는가 더 받은 거스름돈 돌려주려고 되돌아간 적 있는가
헌 종이 모아서 이면지로 사용한 적 있는가 순직한 소방관
장례식 보다가 코 풀어 본 적 있는가 가까운 사람들에게
먼저 안부 전화 한 적 있는가

나는 혀가 잘린 것처럼
할 말이 없어 끙끙대기만 했다

19

나는 물입니다

차면 얼고
뜨거우면 끓습니다

둥근 잔에서는 둥글고
네모 그릇에서는 네모가 됩니다

높은 곳에서는 낮은 곳으로 흐릅니다

오래도록 땅속에 숨어
말없이 견디기도 합니다

그러나 가끔은
천지를 뒤엎기도 합니다

그리고 다시
물 흐르듯 흘러
끝내는 바다에 이릅니다

누구는 맹물 같다고 비웃지만
상관하지 않습니다

〉

나는 물입니다

후숙(後熟)

산중 암자 노스님이
맛이나 보라고 보내 준 대봉감
한 입 베어 물자
떫다

물어봤더니
수행자가 보림(保任)하듯
찬 데 내놓고 한참 더 익혀서
출출할 때 꺼내 먹으란다
간장 고추장 된장도 묵혀야 맛이 깊듯
사과나 배나 바나나나 키위나
침묵의 시간이 배어야
제 맛이 난단다

후숙도 모르는 땡감 주제에
입맛은 다락처럼 높은 상감이라니
알 만하다
인생

거룩한 장터

부처는 진리를 팔고
선사는 부처를 팔고
판사는 법을 팔고
시인은 시를 팔고

주모는 술을 팔고
가수는 노래를 팔고
거지는 가난을 팔고
창녀는 몸을 팔고

밤마다 물 위를 지나가는 달처럼
모두가 제 살길 찾아 걸어가듯
꽃은 붉고 버들은 푸르고
산은 높고 강은 길고

너는 너를 팔고
나는 나를 팔고

수처작주(隨處作主)

월요일 밤마다 즐겨 보는 가요무대

프로그램 진행하는 사회자
호명하면 나와서 노래하는 가수
돋보이게 춤추는 백댄서
옆에서 코러스 넣는 합창단
박자 맞춰 주는 오케스트라
연주에 박수 치는 방청객
즐거워하는 모습 찍는 카메라맨
안 보이는 곳에서 궂은일 하는 스태프
뒤에서 프로그램 만드는 연출자
의도대로 편하게 웃어주는 시청자
집 현관에서 졸고 있는 강아지
옆옆에 벗어놓은 구두까지

세상에서 주인공 아닌 존재는 없다

재 한 줌

설악산문 조실 무산스님

어느 날 장난처럼
눈 감고 귀 닫아걸더니
천둥 멎고 안개 걷힌 연화대에서
불꽃으로 타올랐다

눈 깜짝할 새 한 줌 재가 되었다

허공에 문패 걸어 놓고
잘났네 못났네 해 봐야 말짱 헛짓
내 모습 똑똑히 보았거든
알아서들 하실 것

친절한 마지막 법문이었다

만각(晚覺)

갈수록 말은 어눌하고 기억도 희미하다
몸은 여기저기 삐걱거리고 기운이 없다
늙으면 그렇다는 말 조금도 틀리지 않다

태어난 자
누구도
예외가 없다 했으니

언젠가는
나도 그럴 줄
알긴 알았는데

정말로 이렇게 될 줄은, 정말 몰랐다

귀뚜라미 우는 밤

잠시 열어 둔 창문 사이로 귀뚜라미 한 마리 들어왔다. 책상 위에 올라앉아 귀똘거리기에 무슨 말 하는지 들어 봤더니 어느새 가을이 왔다고, 지난여름은 얼마나 잘 살았냐고, 후회되는 일은 없느냐고, 모과나무에 모과는 잘 익었냐고 묻는 것 같았다. 기특하다 싶어 한참 더 귀 기울였더니 세월은 강물처럼 흘러가는 거라고, 지수화풍 흩어지면 어디로 갈 거냐고, 그런데도 아직 끙끙댈 사연 남았냐고, 제법 철학적인 얘기도 늘어놓다 돌아갔다. 둥근 달 말없이 혼자 떠 있는 겨드랑이 서늘한 밤이었다.

그냥 해 보는 말

시간 되면
얼굴이나 한번 봅시다
어느새 꽃도 피었으니

심심하면
도나 한번 닦읍시다
쓸쓸한 마음도 달랠 겸

괜찮으면
극락이나 한번 갑시다
혼자는 말고 함께

좋으면
눈이나 한 번 더 맞춥시다
서로 그윽하게

제2부

부처님 얼굴에는

춘천박물관 나한님

국립춘천박물관에는 영월 창령사지 출토 오백나한님들이 옹기종기 앉아 있습니다

오백 년 동안 땅속에 묻혔다 맨몸으로 나왔는데 무엇이 그리 좋은지 밤이나 낮이나 은근하게 웃는 얼굴입니다

서울 나들이 했을 때 뵌 적 있는데 불볕더위도 천둥번개도 별일 아니라는 듯 이웃집 할아버지처럼 눈 맞춰 주었습니다

내일은 몇 달째 속 끓이는 친구와 춘천박물관에 다녀와야겠습니다

태안 마애삼존 콧대

돈 많고 권세 높고 머리까지 좋아
그 콧대 롯데타워보다 높은 분들은
언제 한번 태안의 마애삼존 찾아가 보시라
가서 부처님 코 한참 쳐다보고 오시라
그 부처님도 한때는 성형수술이라도 한 것처럼
세상에 둘도 없는 멋진 코 가졌던 분이었다
은근하게 콧대도 높았던 분이었다
그렇게 비교할 사람 없는 잘생긴 코였는데
세월이 흩뿌리는 비바람 못 견디고
잠깐 사이 뭉개진 메주 꼴 되고 말았다
요즘 한껏 콧대 높게 으스대는 분들
코끼리 코처럼 힘센 코 휘두르는 분들
피노키오처럼 자꾸 코가 길어지는 분들
크레오파트라처럼 예쁜 체하는 분들
아직 큰코다쳐 본 적 없는 분들
틈내서 꼭 태안의 마애삼존 찾아가 보시라
길 모르면 물어서라도 가 보시라
가서 내 코는 어떤지 슬쩍 만져 보고 오시라

운주사 와불

게을러서가 아니었다
아파서도 아니었다
너럭바위에 누웠어도 부처는 부처
달리 속내가 있었다

별을 보여주고 싶어서였다

바삐 사느라 별 볼 일 없는 사람일수록
잠시나마 별 구경 해 보라고
못 이룬 별 꿈도 다시 꿔 보라고
별은 누워서 보아야 더 잘 보인다고
그걸 가르쳐 주고 싶었다

천 년 누워 있는 부처가 할 일은
무량대복도 해탈열반도 아니었다
입에서 단내 나는 중생들 찾아오면
잠시 눈 감고 누워서, 함께
솔바람 소리 듣게 하는 것이었다

별 꿈 꾸고 돌아가게 하는 것이었다

강돌부처님 이야기

큰물 지나간 남한강 돌밭
생김새 제각각 강돌부처님들
무심한 얼굴 서로 맞대고 누워 있다

맨몸으로 비바람 받아낸 검바위부처님
닳고 닳아 동글동글해진 차돌부처님
모서리 떨어져 나간 뾰족돌멩이부처님
깨지고 부서져 먼지 될 날 기다리는 모래부처님

해 나면 볕 쬐고 비 오면 비 맞고
바람 불면 젖은 몸 말리며
아침저녁 변하는 뒷산 풍경 바라보면서
흘러가는 강물 소리 듣고 있다

빈척 당한 수행자인 듯 고개 숙이고
생각에 잠겨 느릿느릿 강가를 걷는 사내
속살림 어떤지 가끔 견줘 보기도 하면서

봉암사 마애불님과 즉문즉답

누구는 태산같이 돈 쌓아 놓으려 살고

누구는 황제처럼 권세 누리려 살고

누구는 백 층같이 이름 높이려 사는데

당신은 무슨 재미로 사느냐 물었더니

쓸데없이 그런 일 궁금해 할 거 없다고

그저 할 일 없고 심심해서 사는 거라고

그렇게 살다가 조금씩 늙어가는 거라고

잘 모르겠거든 구름 한번 쳐다보라고

석굴암 대불

덩치는 집채
고집은 불통
그게 당신이었다

석수에게
바위 몸 맡기고 기다린
삼백예순

생살 떨어져 나가는
고통
눈 감고 견뎠다

어느 날
눈 떠 보니
더는 바위가 아니었다

부처님께 사랑을 묻다

　파주 용미리에는 천 년을 한결같이 다정한 눈빛으로 바라보는 오누이 부처님이 있습니다 연인들은 손잡고 찾아와 우리 사랑 부처님처럼 영원하자 손가락 걸고 약속합니다 그러나 세상에 변하지 않는 건 없다 설법한 부처님은 비바람 세월에도 도리어 건재한데 바위처럼 무너지지 말자 기도한 연인들은 꽃잎 흩날리듯 헤어져 돌아오지 않습니다 봄 여름 갈 겨울 변치 않는 사랑 그런 건 애당초 없기 때문인지 모르겠습니다 그렇지 않냐고 물어봤더니 오누이 부처님은 무슨 속내인지 대답 대신 그저 웃을 뿐이었습니다

돌미륵

마을 어귀 논두렁 가에
무심한 돌덩이 하나 서 있다

까마귀 날아가며 똥을 싸도
철부지들 지나가며 돌팔매 던져도
무심한 얼굴로 그 자리에 그냥 서 있다

석 달 장마 삼 년 가뭄에 애타는 아버지
타관 땅 떠도는 아들 걱정하는 어머니
비손하는 마음 외면치 못해
사람보다 더한 풍상세월 견디고 서 있다

돌이면서도 사람 냄새 나는 미륵님
부처이면서도 법당에 들지 않는 미륵님
밤새워 돌미륵 같은 사람 기다리는 미륵님

지금도 마을 어귀 논두렁 가에는
바람 부는 쪽으로 슬쩍 기운 돌미륵 하나
아무 일 없는 세상 기다리며 서 있다

평생 앉지도 눕지도 않고
말없이 서 있다

금강산 묘길상에게

아득하게 멀리 있는 그대
그래도 꼭 만나야 한다 그게 우리의 운명

심장은 붉게 쿵쾅거리고
등허리는 땀 다리는 흥분으로 후들거린다

잠시 쉬며 바라본 산마루
구름 그림자 바람에 밀려 사라지고 없다

다시 일어나 힘내 걷는다
그대여 조금만 더 기다려라 내가 가고 있다

구고구난 관세음보살

회사에서 억울하게 밀려났다고
어금니 깨물자
눈 감고 듣던 큰스님이 혀를 차며 말했다

참 잘된 거네

회사에서 쫓겨나지 않았다면
잘난 체하며 술집이나 다녔다면
술에 취해 기고만장 큰 길 무단횡단했다면
자네 인생 어찌 되었겠는가

그나마 전생에 닦은 공덕 조금 남아서
이쯤으로 끝난 줄 아시게
쫓아낸 그 사람이 관세음보살이네

나무 구고구난(救苦救難) 관세음보살

비누보살

오는 사람 막지 않고
가는 사람 잡지 않습니다

오래됐어도 새것 같고
새것도 오래된 것 같습니다

더럽다 싫어하지 않고
깨끗하다 좋아하지 않습니다

남의 악취는 거둬 가고
제 몸 향기는 나눠 줍니다

날마다 얇아지지만
조금도 섭섭해 하지 않습니다

바위와 부처 사이

경주 박물관 뜰에 목 없는 석불들이
줄지어 앉아 있는 걸 본 적 있다
누가, 언제, 왜 목을 베었는지 아무도 모른다
바위가 부처가 되었다가
부처가 다시 바위로 돌아간 걸까

금강경은 부처를 부처라 해도 아니요
바위를 바위라 해도 아니라 했다
조주는 금불은 용광로를 건너지 못하고
흙불은 물을 건너지 못하고
목불은 불을 건너지 못한다고 했다

누구는 바위에서 부처를 보고
누구는 부처에서 바위를 본다고 한다
도인으로 행세깨나 하는 사람들은
바위면 어떻고 부처면 어떠냐고도 한다

모두 그럴듯한 말이긴 한데
다만, 돌부리에 걸려 코나 깨지지 않기 바랄 뿐이다

나무아미타불

수덕사 경허선사에게 어느 여신도가 아미타불이 어떤 부처님이냐고 물었습니다

모닥불처럼 언 몸 녹여 주는 부처요 화롯불처럼 된장찌개 덥히기 좋은 부처요 횃불처럼 얼굴 환하게 해 주는 부처요 등잔불처럼 저녁밥 먹을 때 켜는 부처요 촛불처럼 요염한 자태 잘 드러내 주는 부처요 반딧불처럼 아이들이 좋아하는 부처요 번갯불처럼 정신 번쩍 들게 하는 부처요 장작불처럼 활활 타는 부처요 군불처럼 집안 훈훈하게 해 주는 부처요 이불처럼 여자를 은근하게 덮어 주는 부처요……

한참 듣던 여신도는 그런 부처는 우리 집에도 한 분 있다며 올리던 불공도 그만두고 돌아갔다 합니다

비 오는 날 홍두깨로 맷돌보다 넓직한 궁둥이 안반 삼아 국수 밀어 먹기 딱 좋은 뒷모습이었다 합니다

허수아비불

누가 볼 때나 안 볼 때나
입는 옷은 한 벌
가끔 화장도 하지만 흉내만 낸다

그래 봐야 비웃고 지나가는 것들 여럿
참새들조차 겁 안 낸 지 오래다

뱃속을 지푸라기로 채웠으니
더는 부릴 욕심도
내세울 자랑도 없다

그래도 늘 마음 편하게 웃는다

밤이나 낮이나
벌판 한가운데 서 있는 게
내 몫의 삶이니

웃는 부처님

경주 남산에 가면
비가 오나 눈이 오나 밤이든 낮이든
너그럽게 웃는 마애부처님이 있습니다

천년 세월 견디는 동안
코도 뭉개지고 살점도 떨어졌지만
그 평온한 웃음만은 변함이 없습니다

미운 사람을 만나든
고운 사람을 만나든
언제나 웃으라고 일러 주는 듯합니다

살다 보면 화나고 섭섭한 일도 많지만
그때마다 웃는 부처님을 떠올리면
마음이 한결 누그러지곤 합니다

제3부

거울 앞에서

만법귀일(萬法歸一)

오늘도 해 질 때까지 당신만 생각하며
하루를 보냈습니다

눈에 보이는 모든 꽃은 당신의 얼굴
귀에 들리는 모든 소리는 당신의 노래
코에 스치는 모든 냄새는 당신의 향기
혀끝에 맴도는 모든 미각은 당신의 맛
몸이 알아채는 모든 느낌은 당신의 감촉
가슴 뛰는 모든 상념은 당신에 대한 생각

나의 기승전결은 당신
당신 없으면 나는 돌아갈 데가 없습니다

나는 종일 당신을 화두로 품고 사는
백납운수(百衲雲水)입니다

착견(錯見)

산길을 걸어가다
뱀을 만났다

놀라서 다시 보니
변색한 새끼줄이었다

이렇게
어이없는 일
얼마나 많던가

사랑도
돈도
사람도
그리고 종교도

거울

나는 내가 없다

나는 남을 통해서만
나의 존재를 드러낸다
내가 하는 일은 남을 비춰 주는 것
그러니까 남이 없으면 나도 없다
바다는 바다가 되려고 강물을 받아들이듯
나는 내가 되기 위해
미추호오 안 가리고 남을 받아준다
거기에 천 가지 만 가지 내 모습이 있다
나는 애초부터 주체성이란 것이 없다
남의 주체성이 나의 주체성이고
내 속에 들어온 남이 나다
누구는 언제나 그 자신으로 산다지만
나는 평생 남을 의지해 산다
나라는 남이 있을 뿐

나는 내가 없다

야명조(夜鳴鳥)

　나도 젊어서 노스님에게 들은 얘긴데 히말라야 산속에
야명조라는 전설의 새가 산대요 떠돌이새인 야명조는 밤
이면 살을 에는 추위를 버티면서 내일은 꼭 둥지를 지어서
떨지 말아야지 하고 결심을 해요 그러나 아침이 되고 해가
떠오르고 언 몸이 따뜻해지면 어젯밤 일은 까맣게 잊은 채
이 나무 저 나무 옮겨 다니며 노래나 불러요 그러다 다시
밤이 돼서 추워지면 날만 밝으면 날만 밝으면 하고 후회만
되풀이한대요 사실은 어제까지 내가 그랬어요

　몇 해 전 입적하신
　큰스님에게 들은 법문인데
　요즘은 왜 이 우화가
　자꾸 떠오르는지 모르겠습니다

선객(禪客)

살게 되면 살리라
죽게 되면 죽으리라

웃게 되면 웃으리라
울게 되면 울리라

가게 되면 가리라
오게 되면 오리라

애태움,
더는 그런 데 목매지 않으리라

달마의 서쪽 우리의 동쪽

달마는
짚신 한 짝 둘러메고
파미르 서쪽으로 갔다 합니다

우리는
신발 두 짝 갖춰 신고
다시 동쪽으로 돌아왔습니다

그래 봤자
너도 신고 나도 신는
뒤축 꺾어진 신발이었습니다

오늘도
바람은 동쪽으로 불고
구름은 서쪽으로 흘러갑니다

한 소식을 기다리며

추울 때는 추위 속으로
더울 때는 더위 속으로 들어가라

중국의 선승 동산양개 화상의 가르침입니다

경북 구미 '한국 옵티칼 하이테크' 공장
해고 노동자 박정혜 씨는 다시 일하게 해 달라고
육백 일 넘게 고공농성 중입니다.

더위가 살을 익게 하고
추위가 뼈를 시리게 하는
용맹정진도 이런 용맹정진이 없습니다

그런데도 왜 세상은
더운 사람에게는 더욱 덥고
추운 사람에게는 더욱 추운지
언제까지 정진해야 한 소식 얻을지
오늘, 화상에게 다시 물어봐야겠습니다

부처질 중생질

법안문익 화상에게
혜초라는 수행승이 찾아왔다

부처란 무엇입니까

그대 이름이 혜초 아니시던가*

선화를 거량(擧揚)한 노스님이
엄숙하게 말했다

부처질을 하든 중생질을 하든
그건 다 그대의 일

_____

*벽암록 7칙. 惠超問佛

직지인심(直指人心)

아침에
면도하다가
살짝 코를 베었다

피가 났다

얼른
밴드를 찾아
붙였다

내 코가
거기 있었다

적멸보궁 붉은 방석

오대산 중대 적멸보궁에는
불상도 후불탱화도 없습니다
붉은 방석만 덩그러니 놓여 있습니다

봄에는 기화요초
여름에는 푸른 숲
가을에는 붉은 단풍
겨울에는 흰 눈

두두물물 불보살 아닌 게 없으니
산하대지가 모두 선불후불이랍니다

적멸보궁 붉은 방석은
스스로 부처인 줄 안 사람만이
앉는 자리라 합니다

짚신시불

　큰절에서 허드렛일하는 부목 처사가 눈 오는 밤이면 신던 짚신을 윗목에 모셨는데, 유식한 젊은 스님이 그깟 짚신이 뭐가 중해 애지중지냐고 핀잔을 주었는데, 일자무식 부목 처사는 왜 그렇게 하는지 사연을 말해 주었는데, 지난번 동안거 결제법회 때 큰스님이 짚신시불이라고 하는 법문을 들었다는 것인데, 스님이 그건 짚신시불이 아니고 즉심시불(卽心是佛)이라고 가르쳐 주었는데, 그러자 늙은 부목 처사는 이렇게 한마디 했다는데,

　스님은 즉심시불 하세요 저는 죽으나 사나 짚신시불 할랍니다

목욕하는 날

온몸이 간질간질하다

며칠만 게으르면
피부 곳곳 들고일어나는 묵은 각질
오늘도 목욕탕에서 구석구석 씻는다

백팔번뇌 씻는다

누구는 한 물건도 없는데
때는 무슨 때냐고 큰소리쳤지만*
나는 마른 나무 찬 바위 아니다

욕망의 껍질 덕지덕지한 밥주머니

얼마나 자주 목욕해야
살아 있는 중생
살아 있는 육신으로
청정법신 이루려나

거울에는 뿌연 김 가득 서려

얼굴은 윤곽만 희미하다

---

*육조혜능의 시: 菩提本無樹 明鏡亦非臺 本來無一物 何處若塵埃

판치생모(板齒生毛)*

조주선사가 말했다

달마가 서쪽에서 온 뜻 같은 거 묻지 말고
앞니 사이에 낀 고춧가루부터 없애라고
그런 뒤 뭐든 다시 한번 말해 보자고

아, 그런 것이었다

사랑은 번지르르한 말이 아니라는
어깨에 떨어진 머리카락부터 떼 주는
서로 오래 깊고 다정하게 포옹하는 것이라는

---

*板齒生毛: 앞니에 낀 이물질이라는 뜻

본지풍광(本地風光)

태국 남부 차이야 지방 해탈정사
선방 문 앞 작은 해골
친절한 설명문

'1930년 미스 타일랜드'

수도승들은 하루 몇 번씩
절색이었던 해골을
본다, 봐야 한다

산 해골이 죽은 해골 보면
죽은 해골은 산 해골을 보면
무슨 말을 할까

죽으면 시시하지 않은 게 없다 했던가

말후일구(末後一句)

언제부터인지 증세가 이상하다
어떻게 할지 방법이 마땅치 않다

멋진 경치를 봐도 그저 그렇고
남들 다 좋다는 노래는 시끄럽기만 하다
향수를 맡으면 머리가 아프고
산해진미도 입맛이 당기지 않는다
예쁜 여자가 웃어도 우습기만 하고
세상을 바꾸자는 구호는 헛짓만 같다

의사의 진단이라는 것이 가관이다
나이 들면 다 그래요 걱정하지 마세요
선사를 찾아가니 더 기막힌 말만 한다
나도 살자니 재미없고 죽자니 억울하네
인생 다 그렇지 별것 없다는 말인데
듣다 못 한 공양주 보살 벼락같은 한마디

할 일 없으면 청소기나 돌리세요

제4부

옛 절에서 하룻밤

절 한 채

어젯밤
꿈속에서 절 한 채 지었네

대궐처럼 화려 번쩍한 큰 법당
금박 옷 입은 부처님
확성기로 들려주는 염불 소리
그런 모습 눈 씻어도 안 보이는
가난한 절

저녁 햇살 비껴드는 작은 법당
명상에 든 돌부처님
산새들이 읽어 주는 독경 소리
그런 나즈막한 풍경 병풍 두른
속 부자 절

쓸쓸한 날이면 가 보고 싶은
마음의 절

팔상전 바람벽에 기대어

국보 55호 속리산 법주사 팔상전은
5층짜리 아름다운 목조건물로
부처님 일생을 여덟 가지 그림으로 그려 걸어 놓았다

도솔천에서 흰코끼리 타고 내려와 태중에 드는 모습
룸비니동산 무우수 아래서 태어나는 모습
동서남북 놀러 다니다 인생무상 느끼는 모습
욕망으로 둘러싸인 생활 뿌리치고 출가하는 모습
깊은 산속에 들어가서 고행 수도하는 모습
보리수 아래서 새벽별 떠오를 때 깨닫는 모습
녹야원에서 시작해 사십오 년간 설법 다니는 모습
쿠시나 사라나무 아래서 늙고 병들어 열반하는 모습

요컨대, 부처님도
태어나 늙고 병들어 움직이지 못할 때까지
애쓰며 살다가 죽음에 이르러 편안해졌다는 것이다

만공탑

수덕사에 가면 한세상 허공 가득한 달처럼 살다 간 만공 월면(滿空月面) 선사를 추모하는 부도탑이 있는데 법호를 형상화한 둥근 돌을 올려 놓았는데 현대 감각의 승탑이라 근대문화재로 지정됐는데

묵은 바람 진달래 가지에 걸리던 어느 날 혼자 찾아가 봤는데 탑 뒷면 글씨들이 더 새겨 둘 만했는데 '세상은 하나의 꽃(世界一花)' '백 가지 꽃이 다 부처의 어머니(百艸是佛母)'라는 가르침이었는데

오가는 사람들 합장하는 뜻 알 것도 같았는데

조실소나무
―운문사 일진스님의 자랑

운문사 절 마당 한편
처진 소나무 한 분
오래전부터 터 잡고 주석해 계십니다

공부 잘하는 수행자처럼
하늘로 키 키우지 않고
옆으로 품 넓히는 소나무이십니다

가지마다 내려앉은 세월의 그늘은
학인들에게 말없이
솔향기 같은 법문 들려줍니다

절에서는 삼월 삼짇날이면
열두 말 막걸리 공양 올려
법체 청안을 합장 축원드립니다

같은 물도 뱀은 독을 만들고
소는 젖을 만들듯
소나무는 막걸리로 사철 청청합니다

운문사 스님들이
어느 이름보다 먼저 떠올리는
마음속 스승, 조실소나무이십니다

송광사 새벽예불

목탁 소리 맑게 맑게 산천을 울리더이다

범종 소리 길게 길게 어둠속으로 퍼지더이다

촛불은 가만가만 소리없이 타오르더이다

향내는 은은하게 온몸을 감싸더이다

불심 가득 예불 소리 법당을 채우더이다

물소리 조용조용 계곡따라 흘러가더이다

고요는 다시 신새벽 어스름에 잠기더이다

봉정암 가는 길

눈보라
몰아치는
가파른 산길
온몸으로 걸어간다

무릎까지 쌓인 눈
가슴 파고드는 칼바람
손발 오그라드는 강추위

참아 내지 못하면 올라갈 수가 없다

끝까지 두 발로 걸어가야 한다
얼어죽지 않으려면 죽을힘 다해야 한다

겨울 산속에서는 다른 방법이 없다

고불총림 순력기

착한 짓은 되로 하고
나쁜 짓은 말로 하다
자꾸 뒷목이 당겨

어느 날
옛 절에 들러
절하며 새 길 물었더니

마음을
고쳐먹으라고
그밖에는 다른 길 없다고

계단 끝
발길 멈추고 돌아본 그 길
가깝고도 멀었다

부처의 길 중생의 길

도피안사 여름

짹짹짹 산새 소리 들리다 안 들리다

졸졸졸 물소리 이어지다 끊어지다

댕댕댕 풍경 소리 울리다 사라지다

쏴쏴쏴 산들바람 불어오다 그치다

삭삭삭 억새풀 흔들리다 조용하다

음음음 옛 부처 반쯤 웃다 돌아보다

오오오 그 사람 생각하다 눈을 감다

먼먼먼 흰 구름 흘러가다 쉬어 가다

가을 내소사

구름은
목 꺾어지게
높고 유유합니다

바람은
등 시원하게
솔솔 불어옵니다

단풍은
속도 모르고
혼자 붉어 갑니다

옛 절은
짐짓 모른 척
오래 적막합니다

정취암 아침

법당 옆 소나무 향기 바람 타고 퍼지시는

추녀 끝 풍경 소리 하늘바다 날아가시는

산새 몇 날아와 손님 오신다 짹짹대시는

눈 아래 구름 위로 일광여래 걸어오시는

홍련암 파도 소리

소나무 숲 사이로
끝없이 불어오는 해풍

겨드랑이 밑으로
밀려오는 백만 이랑 파도

고깃배 따라다니며
끼룩대는 갈매기, 갈매기

절벽 끝에 홀로 앉아
파도 소리 듣는 어떤 사람

백담사 소식

딱따구리가 또르륵 딱딱
목탁을 칩니다

계곡물은 청산유수로
불경을 읽습니다

청솔모들이 멈춰 서서
귀 기울여 듣습니다

흰 구름은 잠깐 내려보다
무심히 떠나갑니다

부석사 기행

무량수전 배흘림기둥이
법당 세우는 기둥답게
산처럼 무거운 지붕의 무게를
버텨 내고 있었다

천 년 바람에도
흔들림 없이 떠받치고 있었다

나는 그 기둥에
등을 대고
한참 눈 감은 채 서 있다

돌아왔다

고사일숙(古寺一宿)

산중 옛 절 뒷방에 들어 하룻밤 묵는데

밤새 문풍지 떨어질 듯 산바람 거세다

촛불은 꺼지고 풍경은 어지러이 울어

객도 공연히 심란해 늦도록 뒤척인다

예토는 어디든 오욕의 바람 부는 곳

절집인들 어찌 그 바람 재울 수 있으랴

무진번뇌는 인연 다해야 사라지고

나뭇잎은 떨어진 뒤에야 새잎 돋는 법

그러니 바람아 불고 싶은 대로 불어라

객은 띠끌 쓸리는 소리나 듣다 잠들리

절 마당

며칠 전에는
산꾼들이 한바탕 지나가더니
오늘은 참새들이
짹짹대다 돌아갔습니다

큰 법회 열리는 날은
북적대기도 하지만
그때만 지나면
종일 긴 적묵에 잠깁니다

오는 사람 막지 않고
가는 사람 잡지 않으니
둘러보면
언제나 텅 비어 있습니다

내일도 낮에는 햇살
밤에는 별들이 찾아오고
구름과 바람은
천천히 다녀간다 합니다

제5부

길에서 길을 물으며

범종(梵鐘)

아침에 치면 아침에 울고
저녁에 치면 저녁에 운다

서른셋 하늘
스물여덟 별나라
그 끝 어디서든 들으라고

크게 치면 크게 울고
작게 치면 작게 운다

온몸 울리는 통증 견뎌
내 마음
너에게 가닿을 때까지

법고(法鼓)

뱃속 채우던 내장 다 쏟아 내고
빈 울림만 가득한 몸이다

편편한 쇠가죽 두 장인데
세상에 바랄 욕심 뭐 있겠는가

종일 말없이 누각에 매달린 채
흘러가는 구름이나 보다가

아침저녁 청산 깨우는 북소리로
하루 또 하루를 건너간다

풍경(風磬)

물고기도 운다
처마 끝에 매달리면
뎅그렁 뎅 뎅

그리운 마음 참을 수 없어
바람만 불면 흔들린다
푸른 허공으로
헤엄쳐 가고 싶어

물고기도 운다
잠 못 드는 긴 밤이면
뎅 뎅 뎅그렁

혼자 옛날 생각하다가
울 줄도 모르면서 자꾸 운다
울고 싶은 사람 있으면
이 밤, 같이 울자고

돌탑

공든 탑이 무너지랴
그 말
거짓말

세월 가면
어떤 돌탑도 이끼 끼고
무너진다

세상천지
무너지지 않는 건
끝내 무너진다는 진실

무너지지 않는다는
헛된 믿음만이
진실

그래도
사람들은
오늘 다시, 탑을 쌓는다

잘난 체

부처님 제자 중 가장 똑똑한 사람은
사촌 데바닷다였답니다

출가한 지 얼마 안 돼 더 배울 게 없어
남들이 부러워했답니다

다문제일 아난다 지혜제일 사리풋타도
총명만은 못 미쳤답니다

어깨가 으쓱해진 그는 스스로
부처님 대행자가 되겠다고 나섰답니다

그렇게 잘난 체하던 어느 날
헛발 디뎌 검은 벼랑으로 떨어졌답니다

불경에 이 얘기 여러 번 나오는 걸 보면
무슨 숨은 뜻이 있는가 봅니다

하심(下心)

해인사 행자실에는 어느 노스님이 쓴
하심이란 액자가 걸려 있다 합니다

잘났다는 마음 다 내려놓아야
괜찮은 사람 된다는 뜻이라 합니다

행자님들은 매일 그 앞에서
촛불 켜고 향 사르고 절한다 합니다

글씨 쓴 노스님처럼
못난 수행자가 되기 위해서라 합니다

등값

부처님오신 날
등 달러 절에 가는 아침

북극곰 살리기 캠페인 본
독실한 아내

준비한 등값을
몽땅 후원금으로 보냈다

빈손으로 관불만 하고
돌아오는 길

새순 돋은 나뭇잎들
유난히 파릇파릇했다

법문(法門)

야, 이 개새끼야 니깐 놈이 그렇게 잘났어
쌍놈의 새끼야 나하고 한판 뜨자
어서 덤벼, 이 쌍놈의 새끼야

한참 듣다 보니
내가 어느 전생에서
개새끼였을지도 모른다는 생각이 들었다

옛날 웅녀가 사람이 되려고
쑥과 마늘만 먹고 백 일을 견딘 것처럼
너도 사람이 되려면 이 정도는 견딜 줄 알아야 한다,
그는 이걸 가르쳐 주려고 전화한 것 같았다

아침 댓바람에 들은 평소 듣기 어려운 법문이었다

하늘을 보고 걷다

하늘 아래 힘들지 않은 일
뜻대로 되는 일, 그런 건 없다

신의 아들이라는 예수는
젊은 나이에 십자가에 매달렸고
정의를 설파하던 소크라테스는
감옥에서 독배를 마셨다

그럴듯한 벼슬 하나 못 얻은 공자는
평생 천하를 떠돌았고
마음의 평화 가르친 석가모니는
말썽꾼 제자들로 골치 앓았다

인생 설교한 스승들도
건너지 못한 강, 넘지 못한 산이 있다

답살무죄진언(踏殺無罪眞言)

길가다 개미 한 마리 밟았습니다

어찌 개미뿐이겠습니까

그동안 지은 죄 높이가 수미산입니다

옴 이제리 사바하
옴 일데유리 사바하

초파일(初八日)

오늘 부처님오신날
우리 절로 봉축 꽃등 달러 갑니다

붉은 등 노란 등 파란 등 하얀 등이
가슴 설레게 환합니다

아버지 어머니 언니 오빠들이
극락 온 듯 좋아합니다

곱슬머리 아저씨 코 큰 총각
파란 눈 아가씨 입 모양이 꽃입니다

모두 모두 부처님처럼 웃습니다

내년에는 다리 아픈 고양이
배고픈 강아지도 웃었으면 좋겠습니다

납팔일(臘八日)

묵은 마음을 끓인다
찹쌀 안치고
들깨 한 줌 대추 두어 알

허물도 한 바가지쯤 풀어 넣는다

누구는
죽 끓던 속 식히고
깨달음을 얻었다는데
나는 아직도 속 끓이는 중생

납팔죽 한 그릇은
부처님 앞에
또 한 그릇은
내 안의 어둠 앞에 봉헌한다

언제쯤
화탕처럼 들끓던 번뇌망상
가라앉으려나

먼 동쪽 하늘
새벽별 하나 잠 깨
반짝인다

.

반야봉(般若峰)에 오르다
－송광사 방장 현묵스님 승좌법문

칠불암에서 정진하다가
어느 날 반야봉에 올랐습니다

돌아보니 뭉글뭉글
비안개가 피어오르고 있었습니다

한 움큼 잡으려 했으나
신기하게도 모두 빠져나갔습니다

꿈이요 물거품이요 그림자라더니
참말이었습니다

그런데도 영원할 줄 알고
오래도록 놓지 못한 적 있었습니다

문득 한 생각 돌이키자
바위에 붙은 이끼까지 친구였습니다

모탕

엊그제는
가끔 찾아가는
뒷산 암자에 놀러 갔더니

뒷마당에서
모진 도끼질 받아 내던
모탕이 안 보였다

노스님께 여쭤봤더니
인연이 다해서
화장시켜 드렸다 했다

참선도 안 했는데
팔곡사두나 회(灰)사리가
나왔다 했다

오늘도 장군죽비

졸지 말 것
흔들리지 말 것

곁눈질하지 말 것
언제나 깨어 있을 것

내 밥 아니면 먹지 말 것
미움은 가만히 내려놓을 것

입은 은혜는 반드시 갚을 것
하루 한 번은 하늘을 쳐다볼 것

지나간 인연은 잡으려 하지 말 것
실없더라도 자주 웃고 너그러워질 것

불교로 쓴 시, 시로 쓴 불교

종교와 문학은 가깝고도 먼 사이다. 둘 다 삶과 죽음, 존재와 고통, 구원과 해탈처럼 인간과 세계에 대한 근원적 질문을 탐구한다는 점에서는 매우 근사하지만, 추구 방식은 판이하다. 종교는 교리와 믿음을 중심으로 삼고 집단적인 의례와 실천을 중시하는 반면, 문학은 개인의 상상력과 자유로운 표현을 근간으로 한다. 이로 인해 종교와 문학은 오래도록 친연과 길항의 역사를 반복해 왔다. 종교는 문학을 통해 진리를 설명하고자 했고, 문학은 종교를 통해 삶의 깊이를 통찰하려 했다. 그러나 종교는 문학의 방종을 경계했고, 문학은 종교의 위선을 폭로하기도 했다.

그렇다면 불교와 문학의 관계는 어떤가. 불교는 성과 속을 철저히 가르지 않는다. 오히려 불일불이(不一不異)의 관점에서 그 둘을 통합하려는 종교다. 불교적 삶이란 세속과 유리된 삶이 아니라, 일상의 진흙탕 속에서 연꽃을 피우는 삶이어야 한다. 세속에서 의미 있는 일은 불교에서도 의미 있고, 그 반대의 경우도 마찬가지다. 불교가 중요시하는 바는 결국 인간과 삶, 그 자체다. 이것이 곧 불교가 문학을 대하는 태도이기도 하다.

하지만 이런 생각을 어떻게 문학 속에서 구현할 것인

가 하는 문제는 여전히 쉽지 않다. 불교를 앞세우면 문학이 무거워지고, 문학을 앞세우면 불교가 가벼워지기 십상이다. 불교와 문학을 함께 공부해 온 나로서는 이 문제가 난제였다. 어떻게 해야 할까. 내가 처음 생각한 것은 불교를 소재로 한 시는 쓰지 말자는 것이었다. 자칫하면 설교가 되거나 너무 뻔한 결론에 도달할 것 같다는 우려였다. 그러나 낭중지추(囊中之錐)라는 말처럼 오랫동안 불교의 자장 안에서 살아온 나로서는 전적으로 불교 소재를 피할 수는 없었다. 일상적인 어떤 생각을 드러내는 데 불교적 물상이나 비유처럼 유용한 것이 없다면 굳이 피할 이유도 없다. 그런 생각으로 하나둘 쓰다 보니 어느새 그 분량이 적지 않았다. 처음 생각과는 달리 나도 모르게 십만팔천리는 멀리 온 꼴이었다. 더욱이 처음에 우려했던 너무 쉽게 뻔한 결론에 도달하는 문제를 여전히 안은 채였다.

애오라지 문학에만 매달리는 시인이라면 이럴 때 과감하게 모든 원고를 찢어 버려야 할 것이다. 하지만 문학과 불교를 넘나드는 나는 그렇게 철저하지 못했다. 이것을 버리자니 저것이 울고 저것을 버리자니 이것이 울었다. 이 시집은 그런 진퇴유곡의 상황에 대한 나름의 응답이자 실험의 결과다. 시 형식을 빌리기는 했지만 시는 이래야 한다는 틀에 매이지 않고 쓴 시적 산문, 또는 산문적 시라고나 할까. 그러나 아뿔싸, 높은 산은 아무나 오르겠다고 나서는 게 아니었다. 문학은 문학대로, 불교는 불교대로 졸렬함을 면치 못했으니, 어디로 고개를 들어야 할지 민망

하다.

시집을 끝까지 읽은 독자라면 눈치챘겠지만, 내 시에는 두보가 말한 '사람을 놀라게 하는 한마디(語不驚人 死不休)' 같은 것이 없다. 그저 남들이 쓰다 버린 평범한 입말을 주워 모아 줄글로 써 내려간 것이 전부다. 불교라는 한 가지 주제를 묶다 보니 유사한 어휘와 구조가 반복되는 지점도 있다. 시집을 묶는 일을 몇 번이나 주저한 이유이다.

그럼에도 불구하고 발심을 멈추지 않은 것은, 이렇게라도 운신하다 보면 언젠가는 출신활로가 열리지 않을까 하는 희망 때문이었다. 바라기로는 이 시집 속 한두 편이라도 누군가가 읽어 준다면, 그리고 어떤 장면에서는 공감을 얻을 수 있다면 헐값은 면하지 싶은데, 어떨지 모르겠다.

인북스 시인선 001

그냥 해 보는 말

초판 1쇄 발행 | 2025년 9월 20일

지은이 | 홍사성
펴낸이 | 김향숙
펴낸곳 | 인북스
주소 | 10369 경기도 고양시 일산서구
성저로 121, 1102-102
전화 | 031-924-7402
팩스 | 031-924-7408
이메일 | editorman@hanmail.net

ⓒ 홍사성, 2025

정가 12,000원
ISBN 979-11-994233-1-2 03810